मेरी अनकही विरासत

मेरे जीवन की जमा पूँजी

श्रृष्टि राजेंद्र देवलिया

BookLeaf Publishing
India | USA | UK

Made with ❤ on the BookLeaf Publishing Platform
www.bookleafpub.in
www.bookleafpub.com

Dedication

माँ-पिता जिन्होंने सिखाया कि उड़ने के लिए आसमान और टिकने के लिए ज़मीन ज़रूरी है
यह पुस्तक मैं अपने **कार्तिक** और **सुनील भैया** को समर्पित करती हूँ।

कार्तिक, जिन्होंने हर कठिन मोड़ पर मुझे साहस दिया और मेरे सपनों को साकार करने में मेरा मार्गदर्शन किया।

और **सुनील भैया**, जो मेरे जीवन के सच्चे स्तंभ हैं—
उनका स्नेह, धैर्य और अटूट विश्वास मुझे हमेशा आगे बढ़ने की प्रेरणा देता रहा है।

और उस एक शख्स के लिए—जिसने प्रेम को महज़ एक इकरार नहीं बल्कि एक पाक ज़िम्मेदारी की तरह निभाया।

मेरे सबसे अज़ीज़ दोस्त के लिए—जो मेरी प्रेरणा है। तुम्हारा साथ ही मेरी ताकत है।

आप के अटूट विश्वास, निस्वार्थ त्याग और उस आज़ाद मगर बेदहद मज़बूत प्रेम को समर्पित, जिसने मुझे बिखरने से पहले ही शब्दों में समेट लिया।

Preface

एक स्त्री के रूप में जब मैं अपने बीते हुए कल और आज के बीच के इस सफ़र को देखती हूँ, तो मुझे अहसास होता है कि मेरी असली पहचान उन चीज़ों से नहीं बनी जो दुनिया को दिखाई देती हैं, बल्कि उन अहसासों से बनी है जो मेरे भीतर गहरे कहीं दफ़न थे। हम स्त्रियाँ अक्सर अपनी खुशियों को सहेजने में माहिर होती हैं, और यह किताब मेरी उन्हीं सहेजी हुई स्मृतियों का एक संग्रह है।

अक्सर लोग विरासत का अर्थ भौतिक सुख-सुविधाओं से जोड़ते हैं, पर मेरे लिए मेरी 'अनकही विरासत' कुछ और ही है। यह विरासत मुझे उन लोरियों में मिली है जो आज भी मेरे कानों में गूँजती हैं, उस घर की दीवारों में मिली है जिन्होंने मेरी हर सिसकी और हर खिलखिलाहट को बिना किसी शर्त के अपनाया, और उन संस्कारों में मिली है जो मुझे मेरे माता-पिता से एक अनमोल वसीयत की तरह प्राप्त हुए।

मैंने अपनी इस किताब का न**'मेरी अनकही विरासत'** इसीलिए रखा, क्योंकि इसमें वह सब कुछ है जो कभी शब्दों में व्यक्त नहीं हो सका। यह मेरी ज़िंदगी की वह 'कुल जमा-पूँजी' है जिसे मैंने अपने जीवन के विभिन्न पड़ावों पर इकट्ठा किया है—एक बेटी के रूप में, एक प्रेयसी के रूप में और एक स्त्री के रूप में।

इस सफ़र में जब प्रेम का आगमन हुआ, तो मानों मेरी लेखनी को एक

नई रूह मिल गई। वह प्रेम, जिसने मुझे सिखाया कि समर्पण कमज़ोरी नहीं, बल्कि सबसे बड़ी ताक़त है। तुम्हारी मौजूदगी ने मेरे जीवन के खालीपन को अपनी आत्मीयता से भर दिया। हमारे बीच के वो अनकहे पल, वो खामोश निगाहें और वह साथ, अब मेरी इस पूरी कमाई का सबसे कीमती गहना है।

यह किताब मेरे अंतर्मन की एक यात्रा है। यह उन तमाम रास्तों की दास्ताँ है जिनसे गुज़रकर मैं आज यहाँ तक पहुँची हूँ। उम्मीद है कि जब आप इन पन्नों को पलटेंगे, तो आपको इसमें न सिर्फ़ मेरी आवाज़, बल्कि आपके अपने जीवन की भी कोई भूली-बिसरी गूँज सुनाई देगी

Acknowledgements

इस कृति का साकार होना मेरे लिए एक भावुक यात्रा के सुखद अंत जैसा है। मैं उन सभी का हृदय से आभार व्यक्त करती हूँ जिन्होंने इस सफ़र में मेरा हाथ थामे रखा।

सबसे पहले, मेरे माता-पिता। माँ, आपकी सहनशीलता और बाबूजी, आपका मुझ पर अटूट विश्वास ही मेरी सबसे बड़ी पूँजी है। आपने मुझे पंख दिए ताकि मैं उड़ सकूँ, और आपने मुझे जड़ें दीं ताकि मैं ज़मीन से जुड़ी रहूँ। आज जो कुछ भी मैंने कागज़ पर उतारा है, वह आपकी ही दी हुई शिक्षाओं का प्रतिबिंब है।

मेरे हमसफ़र का विशेष आभार, जो मेरी प्रेरणा भी हैं और मेरा सुकून भी। शुक्रिया, मेरी खामोशियों को समझने के लिए और मुझे यह अहसास दिलाने के लिए कि मेरे शब्द मायने रखते हैं। तुम्हारी सादगी और प्रेम ने ही इस किताब को मुकम्मल बनाया है।
मैं उन सखियों और मित्रों का भी धन्यवाद करती हूँ जिन्होंने मेरी कविताओं के शुरुआती और कच्चे स्वरूप को सुना और मुझे निरंतर लिखते रहने के लिए प्रोत्साहित किया।

अंत में, मैं अपनी कलम और उस ईश्वर का आभार मानती हूँ, जिनकी कृपा से मैं अपने भीतर के कोलाहल को शांति में और अपनी यादों को शब्दों में ढाल पाई। यह 'विरासत' अब मैं आप पाठकों के हाथों में सौंपती हूँ।

बड़े होने की कीमत

जीवित रहने के लिए जरूरी है हवा, पानी, भोजन और घर
अगर इन सबके साथ लिख दूँ नाम तुम्हारा माँ तो ये गलत नहीं होगा

क्यूंकि इस नए शहर की भीड़ में मैं आजाद तो हूँ,
पर हर मोड़ पर लगता है जैसे कहीं खो गई हूँ

मेरे पास कमरा है पर वो घर नहीं लगता
तेरे बिना जिंदगी में सुकून का कोई पहर नहीं लगता

दफ्तर की थकान जब मेरे कन्धों पर झुकती है
तब मेरी हिम्मत बस तुम्हारे नाम पे रुकती है

माँ अब समझ पाती हूँ तुम भी थक जाती होगी ना
पर जिम्मेदारी को देखते हुए तुम भी सब भूल जाती होगी ना

आज जब रोटियां सेकती हूँ तो उंगलियां जलती हैं
लोगों को रंग बदलते देखती हूँ तो समझ आता है दुनिया कैसे चलती है

माँ आज दुनिया के लिए तेरी बेटी बड़ी हो गई है

अपनी मरज़ी से अपने पैरों पे खड़ी हो गई है

पर उसे इस बड़े होने की कीमत अब समझ आई है
बड़प्पन तो उस थकान में था जो तूने मेरे लिए उठाई है।

धूप में जलता बरगद

वो शख्स जो धूप में रहकर परिवार को छाँव देता है
अपनी आकांक्षा को जलाकर घर में रोशनी देता है

मैंने देखी है उनके चेहरे पर वक्त की गहरी रेखाएं
वो हर दिन थोड़ा थोड़ा मरकर, मुझे नई ज़िन्दगी देता है।

उसने बेची है जवानी मेरे खिलौनों के बाज़ार में
वो हर रात पिघलता है, आने वाले कल के इंतज़ार में
वो अपनी हर एक ख्वाहिश को खुद दफनाकर
मेरे हर सपने को नई ज़िन्दगी देता है।

उसकी हथेलियों के छाले मेरी तरक्की की दास्तान हैं
उसके फटे हुए जूते मेरी कामयाबी के निशान हैं।
दुनिया के फेंके पत्थरों से जिसका सीना ढाल बनता है
वो खुद ज़ख्म की चादर ओढ़कर मुझे नई ज़िन्दगी देता है।

वो कलाई पर बँधा अनुशासन

पापा की वो पुरानी घड़ी का मेरे कमरे की दराज़ में एक अक्स रहता है,
बगैर बोले ही वो मुझसे बहुत कुछ कहता है।

वो सोने के फीके पड़ चुके पट्टे वाली घड़ी
,जिसमें आज भी मेरे बचपन का वक्त बहता है।

वक्त की पाबंदीवो घड़ी, जो पापा की कलाई का श्रृंगार थी,
उनके उसूलों की तरह ही खरी और बेदाग थी।
सवेरे पाँच बजे का अलार्म हो या दफ़्तर की दौड़,
वो उनके हर संघर्ष की इकलौती गवाह थी।

उसकी टिक-टिक में एक अजीब सा अनुशासन था,
मानो वो घड़ी नहीं, घर का ही कोई शासन था।
मेहनत का पसीना उसकी कांच पर थोड़े धुंधले से कुछ निशान हैं,
वो सिर्फ़ खरोंचें नहीं, पापा की थकान हैं।

कितनी ही धूप, कितनी ही बारिश उसने झेली है,
वो घड़ी उनके हर सख़्त दिन की सहेली है।
उस पट्टे पर आज भी उनके पसीने की गंध बाकी है,

जैसे उनकी मेहनत की कोई अनकही साखी है।

थकते नहीं हैं वो, न ये सुइयाँ कभी रुकती हैं,
उनकी हिम्मत के आगे दुनिया की मुश्किलें झुकती हैं।
मैं जब भी थकती हूँ, इस घड़ी को देख लेती हूँ,उनकी मेहनत का सारा हिसाब लिख लेती हूँ।

ये घड़ी नहीं, मेरे लिए उनका आशीर्वाद है,मेरे कल की बुनियाद, उनके आज की फ़रियाद है।
दुआ है कि उनकी कलाई पर ये यूँ ही सजती रहे,
मेरे घर की खुशियों की टिक-टिक यूँ ही बजती रहे।

माँ की पुरानी साड़ी

वो सूती साड़ी, जिसमें अब सिलवटें भी घर कर गई हैं,
ऐसा लगता है माँ की ममता की सारी दुआएं उसमें उतर गई हैं।

उसके पल्लू के छोर पर जो छोटी सी गाँठ बंधी है,
वहीं मेरी दुनिया की सबसे बड़ी 'तिजोरी' बसी है।

जब कभी शहर की हवा मुझे सर्द और बेगाना लगती है,
वो साड़ी ओढ़ते ही मुझे धूप सी सुहानी लगती है।

उसके रंग फीके पड़ गए हैं, पर खुशबू आज भी जवान है,
उसमें घुली हुई माँ की सांसें ही, मेरी ज़िंदगी का इत्मीनान है।

मुझे याद है, जब बचपन में डर कर मैं उसे थाम लेती थी,
वो एक कतरन ही जैसे मुझे सारा आसमान दे देती थी।

रसोई के मसाले, पसीने की नमी और धूप की वो गंध हैं,
उस एक साड़ी के साए में, मेरे सारे दुख हैं बंद हैं।

मैंने संदूक में उसे सबसे ऊपर वाले खाने में रखा है,

क्योंकि उसने ही मेरे वजूद के हर एक दाने को चखा है।

आज जब मैं अपनी कोठरी में उसे गले से लगाती हूँ,
मैं अपनी माँ की पुरानी साड़ी में... दोबारा बच्ची बन जाती हूँ।

पुरानी चौखट

हर कमरा एक उम्र है, हर दीवार एक राज़ है,
बंद किवाड़ों के पीछे दफ़न, कोई पुरानी आवाज़ है।

वो दहलीज़ जहाँ छोड़ आए थे बचपन की वो मिट्टी वाली चप्पलें,
जहाँ खड़ी माँ आज भी शायद राह तकती होगी।
वो लकड़ी का भारी दरवाज़ा, जो हर आहट पर चौंकता था,
अब उसकी चूले ढीली हैं, वो चुपचाप सिसकता होगा।

वो रसोई जहाँ सिल बट्टे की घिसाई में माँ के अरमान पिसते थे,
जहाँ काली पड़ती पतीली में खानदान के किस्से पकते थे।
अब वहाँ मसालों की वो तीखी महक तो नहीं आती,
पर सीलन की गंध में शायद आज भी भूख बस्ती है।

वो बैठक जहाँ चाय की प्यालियों से धुआँ और बहस साथ उठते थे,
जहाँ बाबूजी के अखबार के पीछे दुनिया के नक्शे छपते थे।
अब वहाँ धूल की एक मोटी तह जमी है हर सोफ़े पर,
मानो वक़्त ने बैठ कर वहाँ लंबी नींद ले ली हो।

वो आँगन जहाँ चिलचिलाती धूप भी दादी की छाँव सी लगती थी,
जहाँ नीम की निबोरियों में एक कड़वी मिठास बस्ती थी।

अब उस आँगन के बीचों-बीच एक दरार आ गई है,
जैसे घर के बंटवारे की कोई गहरी लकीर खींच दी गई हो।

मेरा वो कोना जहाँ दीवार की दरार में मैंने खत छुपाए थे,
जहाँ अपनी पहली हार पर जी भर के आँसू बहाए थे।
वो कमरा अब भी शायद मेरी महक पहचानता होगा,
जब हवा गुज़रती होगी, तो मुझे पुकारता होगा।

मकान तो बस ईंटों का एक ढांचा भर होता है,
उसमें रहने वालों की धड़कन से वो 'घर' होता है।
लोग निकल जाते हैं, तो कमरे बेवा हो जाते हैं,
खाली मकान अक्सर अपनी ही यादों में सो जाते हैं।

लोकतंत्र या लूट का राज?

यह देश नहीं, यह सौदों की सल्तनत है,
यहाँ कुर्सी बिकती है, ज़मीर की क्या क़ीमत है।

बलात्कारी खुले घूमे, मिले उन्हें सम्मान,
पीड़िता रोती रह जाए, बस बयान पर बयान।

विधायक के तमगे ने दरिंदे को बचा लिया,
ज़मानत ने बलात्कार को सत्ता का हक़ बना दिया।
जिसने शपथ ली थी रक्षा की, वही बना भक्षक आज,
और राज्य खड़ा रहा ढाल बन, शर्म हुई बेआवाज़।

अपराधी को ज़मानत, न्याय को इंतज़ार,
ग़रीब की गलती बन जाए सबसे बड़ा अपराध।

थाने बिके हैं खुलेआम, अदालतें मौन,
क़ानून यहाँ बस लाठी है, सच हो या कौन।

कभी अनाज में घोटाला, कभी दवा में ज़हर,
कभी पुल गिरा शिलान्यास में, कभी काग़ज़ी शहर।

जनता का धन लूट लिया, कह दिया “सब ठीक”,
हर घोटाले के बाद बैठी जाँच – फिर भी सब लीपापोती शीघ्र।

ईंधन नहीं, जनता का ख़ून जलाया जाता है,
हर बढ़ती क़ीमत पर मौन भाषण सुनाया जाता है।

घर में पानी नहीं, मंचों पर अमृत बहता है,
काग़ज़ में देश चमकता है, ज़मीन पर आदमी सहता है।

किसान मरता खेतों में, मज़दूर टूटे हाड़,
नेता कहते “धैर्य रखो”, झूठ का बड़ा पहाड़।

देशभक्ति के नारों से जेबें भरी जाती हैं,
सवाल पूछने वालों पर गद्दार की मोहर लगाई जाती है।

मत माँगने आए थे ये, सिर झुकाकर द्वार Pe,
जीतते ही जनता aa गई इनके जूतों की धार।

यह कैसा गणराज्य है, यह कैसा विधान,
जहाँ अपराध सिंहासन पर, और सच शर्मसार।

पर सुन लो सत्ता के नशे में डूबे पहरेदार,
इतिहास माफ़ नहीं करता, वह माँगता है हिसाब हर बार।

जो आज ज़मानत में हँसता है, कल कटघरे में खड़ा होगा,
जनता का सब्र जब टूटेगा, हर सिंहासन जला होगा।

यह जो चुप्पी है, कायरता नहीं,
यह न्याय की तैयारी है, अंतिम चेतावनी सही।

जिस दिन सच सड़क पर उतरेगा मशाल बनकर,
उस दिन कोई पद, कोई कुर्सी नहीं बचेगी ढाल बनकर।

क्योंकि यह देश सोया नहीं है, बस सहता रहा है,
हर ज़ुल्म, हर झूठ को भीतर गिनता रहा है।

जब जागेगा – तब अदालत नहीं, जनता बोलेगी,
और हर लूट की इमारत
अपने ही बोझ से डोलेगी... गिरेगी।

बेगरज मोहब्बत

मुझे तुमसे सिर्फ इश्क़ है, कोई उम्मीद नहीं,
मेरे सजदों में तू है, पर तू मेरा मुरीद नहीं।

ज़माना ढूँढता होगा मोहब्बत में रिश्तों के नाम,
मैं वो आज़ाद कैदी हूँ, जिसकी को ज़ंजीर नहीं।

मुझे तुमसे सिर्फ इश्क़ है, कोई उम्मीद नहीं,
मेरे दिल की ईद तुम हो, मुझे किसी चाँद की दीद नहीं।

ज़माना माँगता होगा मिलन की लकीरें हाथों में,
मैं वो फ़ना हूँ, जिसे वस् की भी ताईद नहीं।

मैं लिखने पर आऊँ तो क़यामत तक सिर्फ़ तुम्हें लिखूँ,
पर तुम मेरी शायरी में क़ैद हो जाओ, ऐसी मेरी ज़िद नहीं।

सफ़र-ए-वफ़ा

अगर मेरे हक़ में हो, तो सारी खुशियाँ तेरे नाम लिखूँ,
मैं अपनी उम्र का हर एक लम्हा, हर एक शाम तेरे नाम लिखूँ।

ये दूरियाँ, ये फ़ासले, ये मज़बूरी तो बस वक़्त की बात है,
मैं अपनी रूह में बसता हुआ, हर इक मुकाम तेरे नाम लिखूँ।

ज़माने ने पूछा कि मोहब्बत की सबसे सादा शक्ल क्या है? मैं कागज़
उठाऊँ और बस तेरा ही प्यारा नाम लिखूँ।

जब भी ज़िक्र हो दुनिया में अधूरी इबादत का कहीं, मैं अपने खाली
हाथ देखूँ और वफ़ा का इनाम तेरे नाम लिखूँ।

बड़ा शोर है शहर में कि सुकून कहाँ मिलता है आख़िर? मैं तेरी बाँहों
के घेरे याद करूँ, और आराम तेरे नाम लिखूँ।

लोग कहते हैं भूल जाओ उसे, वो पास नहीं है तुम्हारे, मैं अपनी हर
कोशिश, हर भुलाने का अंजाम तेरे नाम लिखूँ।

मोहब्बत तो आज भी एक सादा सा लफ़्ज़ है मेरे लिए, पर इस लफ़्ज़
की हक़ीक़त में, मैं ख़ुद को तमाम तेरे नाम लिखूँ।

अजनबी शहर में पुराना पता

एक शख्स है जो बिल्कुल मेरे घर जैसा है,
इस पराए शहर में भी, वो पुराने शहर जैसा है।

यहाँ हर तरफ शोर है, चेहरे हैं, और अजनबी हवाएँ हैं,
पर उसकी बातों का लहजा, मेरी माँ की दुआओं जैसा है।

मैं दिन भर की थकान और दुनिया के फरेब ओढ़कर जब थक जाती हूँ,
तो उसका कंधा बिल्कुल मेरी खिड़की की धूप जैसा है।

वहाँ मुझे कुछ छुपाना नहीं पड़ता, न कुछ जताना पड़ता है,
उसके पास होना, अपनी पसंदीदा किताब के पन्ने पलटने जैसा है।

मंजिलें बदलती रहीं, रास्ते अजनबी होते रहे,
पर उसका साथ, आँगन के उस पुराने दरख्त के साए जैसा है।

लोग ढूंढते होंगे महलों की चमक इन ऊँची इमारतों में,
मेरे लिए तो उसका होना, नंगे पाँव अपनी ज़मीन पे चलने जैसा है।

कितनी भी दूर निकल जाऊँ मैं इस दुनिया की भीड़ में,
वो शख्स आज भी... मेरे लौट आने के ठिकाने जैसा है।

पनाह-ए-ज़ुल्फ़

उसे सँवरने का शौक भी एक क़यामत है,
कि उसने अपनी आँखों के काजल से रात बना दी।

वो ढलती हुई शाम का मंज़र तो महज़ बहाना था,
असली अंधेरा तो तब हुआ, जब उसने पलकें झुका दीं।
हज़ारों ख्वाब जो भटक रहे थे उजालों की तलाश में,
उसने एक ही लम्हे में, उन्हें पनाह-ए-ज़ुल्फ़ दिला दी।

चाँद भी हैरान है कि उसकी चांदनी कहाँ खो गई,
शायद उसने अपनी सुरमई नज़रों से कोई बात बना दी।
सहर अब इंतज़ार में खड़ी है दहलीज़ पर,
पर उसने अपनी आँखों के काजल से रात बना दी।

न कोई सितारा चमका, न कोई चिराग़ जला,
उसकी एक निगाह ने फिज़ा ही कुछ ऐसी बना दी।
लोग कहते हैं कि काली रात डराती है मुसाफिरों को,
मगर उसने तो इसे जीने की एक खूबसूरत वजह बना दी।

अजनबी शहर में पुराना पता

न साथ गुज़रे वो बचपन, न वो गलियाँ पुरानी हैं,
मगर तुझसे मिली खुशबू, मेरे गाँव की निशानी है।

तेरी कलम से बहती है, मेरी मिट्टी की वो सोंधी महक,
तू लिखता है हकीकत, जो शहर में अब अनजानी है।

अजीब है ये जड़ों का खिंचाव, जो साथ रहे बिना भी है,
तू दूर रहकर भी मेरे, घर के आँगन का पानी है।

ज़माना ढूंढता होगा, वफ़ा के लिए बरसों के किस्से,
मगर तेरा खड़ा होना, सबसे बड़ी कहानी है।

तूने वादा किया है हर कदम, मेरे साथ चलने का,
तेरी ये हिम्मत ही अब, मेरी ज़िंदगी की रवानी हैं

जो तहरीरें तेरी हैं, वो मेरी रूह का मरहम हैं,
तू मेरा वो मुसाफ़िर है, जिसकी मंज़िल भी रूहानी है

भीड़ में सबने छोड़ा हाथ, बस तू ही न पीछे हटा
तेरी आँखों में जो सच है, वो वफ़ा की ज़िंदगानी है

नहीं चाहिए मुझे सबूत, कि कब से हम साथ हैं,
तेरी रूह से मेरी रूह की, ये साझी मेहरबानी है

मेरा गुमनाम कलाकार

वो भूल जाता है अक्सर, कि कल हमने क्या कहा था,
कहाँ हम खिलखिलाए थे, कहाँ दिल थोड़ा दुखा था।
बातों के पन्नों को वो शायद संभालना नहीं जानता,
मगर वो हर मुश्किल घड़ी में, मेरे साथ खड़ा रहता है।

वो लिखता है ऐसा, कि कलम आग उगलती है,
उसके सुरों की लहरों में, कोई रूह मचलती है।
मगर उसे पसंद नहीं अपनी कला की नुमाइश करना,
बस वो अपनी हर तहरीर में, मेरे साथ खड़ा रहता है।

गाता है वो छुपकर, जैसे कोई इबादत हो,
उसकी आवाज़ में जैसे कोई पुरानी विरासत हो।
दुनिया से बेखबर अपनी ही धुन में मगन रहता है,
पर जब मैं डगमगाती हूँ, वो मेरे साथ खड़ा रहता है।

अजीब है ये गुमनाम होना और ये गहरा नाता भी,
कि यादें धुंधली हैं उसकी, पर साफ़ है वादा भी।

वो अपनी शोहरत को बस मुझ तक ही महदूद रखता है,
तभी तो वो हर मौसम में, मेरे साथ खड़ा रहता है।

सृष्टि का सार

तुम बूंदों से मिलती हो, पर बादलों से लड़ जाती हो,
हर तूफान से टकराकर, नई राह बन जाती हो।

कभी हवा की तरह, सुकून बनकर बहती हो,
कभी ज्वालामुखी सी, अपने हक के लिए दहकती हो।

तुम धरती की कोख हो, जीवन का संचार हो,
सहनशीलता की मूरत, फिर भी अद्भुत विचार हो।

कभी नदी सी बहती हो, कभी पर्वत सी अडिग हो,
हर रूप में शक्ति हो तुम, हर संघर्ष में विजयी हो।

तुम सूरज की पहली किरण, जो अंधेरे को चीरती है,
तुम चाँदनी की वो चुप्पी, जो रातों को भी जीतती है।

तुम शक्ति हो, तुम भक्ति हो, तुम खुद ही एक अंजाम हो,
इस “सृष्टि” के अधूरे पन्ने का तुम ही मुकम्मल नाम हो।

सपनों की उड़ान

वो अकेली निकलती है
ये बात जितनी कही जाती है,
असल में उतनी
कभी समझी नहीं जाती है।

उसके सफ़र में
तालियाँ नहीं होतीं,
सिर्फ़ कुछ सवाल होते हैं
जो हर स्टेशन पर
उससे पहले उतर जाते हैं।

वो मुसाफ़िर है,
पर आज़ाद नहीं,
हर रास्ता उससे
कुछ गिरवी रखवाता है
नींद, भरोसा,
और कभी-कभी
ख़ुद पर यक़ीन।

रात उसके लिए

कविता नहीं बनती,
रात उसे
गिनना सिखाती है
कदम, साए,
और अपने डर की साँसें।

लोग कहते हैं
“वो बहुत बहादुर है”
काश उन्हें पता होता
बहादुरी अक्सर
डर के थक जाने के बाद
शुरू होती है।

वो हर शहर में
थोडा कम बोलती है,
थोड़ा ज़्यादा देखती है,
और अपने नाम को
हल्का करके
आगे बढ़ जाती है।

एक दिन
वो समझ जाती है
रास्तों ने उसे
कभी अपनाया ही नहीं,
गुज़र जाने दिया।

उसे ये भी पता चलता है

कि घर लौटने की चाह
और आगे बढ़ने की ज़िद
असल में
एक ही थकान के
दो नाम

कुछ ज़िंदगियाँ
मंज़िल के लिए नहीं,
चलते रहने के लिए
चुनी जाती हैं।

मंदिर की देवी, घर की स्त्री

मंदिरों में देवी की आरती गूँजती है,
पर घर की चौखट पर स्त्री की आवाज़ दब जाती है।
समाज उसे शक्ति कहता है,
पर उसके सपनों को सीमाओं में बाँध देता है।
वह सरस्वती है, ज्ञान की धारा,
फिर भी उसकी शिक्षा को अक्सर नज़रअंदाज़ किया जाता है।
वह लक्ष्मी है, घर की समृद्धि,
पर उसकी मेहनत को कभी गिना नहीं जाता।
वह दुर्गा है, अन्याय से लड़ने वाली,
पर उसके साहस को सवालों में घेर लिया जाता।
स्त्री और देवी में कोई अंतर नहीं,
बस समाज की आँखों का भ्रम है।
जिसे पूजते हैं, उसे जीते हुए नहीं समझते।
जिसे आदर्श मानते हैं, उसे वास्तविकता में बाँध देते हैं।

कम-उम्री कि ख़ुद-मुख़्तारी

ये जो कम-उम्री में ख़ुद-मुख़्तारी का नशा है,
ये सहूलियत नहीं, एक सख़्त सज़ा है।
वो सादगी ओढ़े हुए निकली है घर से,
मगर उसके लहज़े में बरसों का तजुर्बा है।
उसे रास्तों से पूछना अब ठीक नहीं,
कि उसकी अपनी ही कोई एक रज़ा है।
हुस्न उसका किसी ज़ेवर का मोहताज नहीं,
उसकी बेबाकी ही उसकी सबसे बड़ी अदा है।
वो जो ज़माने की भीड़ में तन्हा चलती है,
क्या तुझे मालूम है, वो क्या ढूँढती है?
न मंज़िल का जुनून, न किसी हम-सफ़र की तलब,
वो तो बस अपनी ही तलाश में भटकती है।
बहादुरी ये नहीं कि तुम महफ़ूज़ रहो,
बहादुरी तो ये है कि तुम बे-ख़ौफ़ बिखरो।
वो लड़की, जो पहाड़ों से गुफ़्तगू करती है,
शायद इस ज़मीन पर ख़ुदा का कोई मशवरा है।

जज़्बात लिख दूँ।

अगर मैं उस कदर लिखने लगूँ तो मैं हर बात लिख दूँ,
इंसान को बर्बादी और इंसानियत को बर्बाद लिख दूँ।
वो कहते हैं पत्थर है कलेजा मेरा,
पर जब मैं लिखने पर आऊँ तो पत्थर के जज़्बात लिख दूँ।

मैं महफ़िलों की रौनक में छुपी तन्हाई लिख दूँ,
ईमान के सौदागरों की हर एक रुसवाई लिख दूँ।
यहाँ पत्थरों को पूजा, और इंसान को ठोकर मिली,
मैं इस दिखावटी निज़ाम की हर एक बुराई लिख दूँ।

जो लोग दूसरों की आँख का तिनका ढूँढते हैं दिन भर,
मैं उनकी अपनी रूह में बस रही वो खाई लिख दूँ।
बस्ती ज़िंदों से बेहतर है ये शहर-ए-खामोशां (क़ब्रिस्तान) की,
मैं मुर्दा-दिलों के सीने में दबी हर एक दुहा लिख दूँ।

यहाँ मज़हब को हथियार बनाया गया है,
मैं खुदा के नाम पर हो रही हर एक लड़ाई लिख दूँ।
मैं वो कलम हूँ जो बिकने से इंक़ारी है हमेशा,
मैं लिखने पर आऊँ... तो इस दौर की सड़ी हुई सच्चाई लिख दूँ।

फरेब-ए-नज़ाकत

जिस नज़ाकत से लहरें कदम चूमती हैं,
यकीन नहीं होता कि इन्होंने कश्तियाँ डुबोई होंगी।
इनके मखमली स्पर्श में जो ये खामोश सा सुकून है,
किसने सोचा था इसी ने कभी बस्तियाँ डुबोई होंगी।

वो जो साहिल पे बैठकर लहरों से गुफ्तगू करते हैं,
उन्हें क्या खबर कि इन्हीं ने कितनी ही हसरतें डुबोई होंगी।
जो दिखता है वो हमेशा सच हो, ये ज़रूरी तो नहीं,
इन्हीं शांत दिखने वाली गहराइयों ने, कई शख्सियतें डुबोई होंगी।

दुनिया के हसीन चेहरों का भी कुछ ऐसा ही आलम है,
जैसे इन मासूम लहरों ने अनगिनत वसीयतें डुबोई होंगी।
बाहर से जो चूमती हैं पाँव एक इबादत की तरह,
अंदर ही अंदर उन्होंने न जाने कितनी ही वफ़ाएं डुबोई होंगी।

संभल कर चलना इस दुनिया के चिकने रास्तों पर ऐ मुसाफिर,
यहाँ सिर्फ समंदर ने नहीं, मीठी बातों ने भी कश्तियाँ डुबोई होंगी।
भले ही ये कदम चूमकर अपनी मोहब्बत का यकीन दिलाएं,
पर सच तो यही है कि इन्हीं लहरों ने कश्तियाँ डुबोई होंगी।

बेनाम इतवार

एक सी थकान है सब दिनों के चेहरे पे,
ज़िंदगी बता मैं इतवार को पहचानूँ कैसे।
जब हर सुबह वही बोझ और वही अंधी दौड़ है,
तो इन बंद आँखों से मैं उस ठहराव को पहचानूँ कैसे।

बाज़ार खुले हैं, दफ़्तर खुले हैं, और खुले हैं फरेब के रास्ते,
दिनों की इस भीड़ में, मैं उस खास मिज़ाज को पहचानूँ कैसे।
कैलेंडर की लाल स्याही भी अब आम सी लगने लगी है,
तू ही बता, बेअसर हुई उस छुट्टी के अहसास को पहचानूँ कैसे।

वही अजनबी चेहरे, वही पुरानी उलझनों का पहरा है,
मैं शोर शराबे में दबी उस खामोश आवाज़ को पहचानूँ कैसे।
जब फुर्सत के लम्हे भी काम की ज़द में सिमट गए,
तो मैं अपने ही घर में बैठे उस मेहमान को पहचानूँ कैसे।

बचपन की वो धूप, वो सुस्ती और वो बेफिक्र खेल कहाँ,
अब जब हाथ खाली नहीं, तो उस पुराने यार को पहचानूँ कैसे।
थक कर सो जाना ही अगर सुकून की आखिरी मंज़िल है,
ज़िंदगी बता, फिर मैं सोमवार और इतवार को पहचानूँ कैसे।

ज़िद की कश्ती

सूरमा जिस किनारे से लौट आते हैं,
मैंने अपनी कश्ती को उस पानी में उतारा है।
जहाँ लहरों ने बड़े-बड़ों के गुरूर को तोड़ दिया,
मैंने अपने जुनून को उस पानी में उतारा है।

दुनिया डराती रही मुझे डूब जाने के खौफ से,
पर मैंने भी हर डर को गहरे किनारे पे मारा है।
जहाँ मंज़िल के निशान भी पानी पे बह गए होंगे,
मैंने अपनी उम्मीदों को उस पानी में उतारा है।

ना कोई चप्पू हाथ में, ना कोई साहिल नज़र में है,
बस एक पागलपन है जिसे दिल ने पुकारा है।
जहाँ बड़े-बड़े जहाज़ भी रास्ता बदल लेते हैं अक्सर,
मैंने अपनी ज़िद की कश्ती को उस पानी में उतारा है।

किस्मत के लिखे को बदलने का हुनर रखती हूँ मैं,
ये तूफ़ान तो बस मेरी आज़माइश का एक इशारा है।
लोग कहते हैं कि वहाँ सिर्फ सन्नाटा और मौत है,
पर मैंने अपनी रूह के नूर को उस पानी में उतारा है।

वो बचपन का ज़माना

वो काग़ज़ की कश्ती, वो बारिश का पानी कहाँ है?
खो गई जो कहीं, वो पुरानी कहानी कहाँ है?

अब तो कंधों पे बस्तों से भारी ये दुनिया का ग़म है,
वो बिना बोझ वाली निराली जवानी कहाँ है?

एक सिक्के में दुनिया को मुट्ठी में हम भर लिया करते,
अब तो लाखों में वैसी खनकती रवानी कहाँ है?

चोट लगती थी घुटनों पे, माँ की दुआ से वो भरती,
दिल के ज़ख़्मों की अब कोई ऐसी निशानी कहाँ है?

शाम ढलती थी बरगद की ठंडी घनी छाँव के तले,
अब चराग़ों के शहर में वो शाम-ए-सुहानी कहाँ है?

लौट के आ जाए इक बार फिर से वो बचपन,
पर परिंदों के उड़ने की वापस निशानी कहाँ है?

पलायन

खेत सूखे, घर गिरे, तो शहर का रस्ता लिया,
ज़िंदगी की प्यास ने, गाँव का दरिया छोड़ दिया।

पाँव के छालों में अब भी गाँव की मिट्टी तो है,
पर ये कैसा सफ़र है, जिसने घर ही छीन लिया?

शहर की इन ऊँची इमारतों में दम घुटता है मेरा,
खुला आसमाँ था जहाँ, वो आँगन कहीं पीछे रह गया।

रोटी की ख़ातिर यहाँ हर शक्स दौड़ता ही रहा,
किसने जीता, कौन हारा, ये हिसाब ही मर गया।

लौट के जाएँगे एक दिन, दिल यही कहता रहा,
मगर लौट कर देखा तो, गलियों का पता ही बदल गया।

उँगलियों की दुनिया

आँखें तो जाग रही हैं, मगर ख़्वाब कहीं खो गए हैं,
हम कागज़ के रिश्तों से, कांच के घरों में सो गए हैं।

मुट्ठी में बंद है दुनिया, पर हाथ बिलकुल खाली हैं,
दिखावे की इस रौनक में, हम कितने सवाली हैं?
पास बैठे हुए शख्स से, दो पल बात नहीं होती,
मोबाइल की रौशनी में अब, चैन की रात नहीं होती।

वो बचपन की धूल, वो गलियों का शोर कहाँ गया?
सब कुछ 'अपलोड' कर दिया, पर वो 'अहसास' कहाँ गया?
'लाइक' के तराज़ू में अब, अपनी कीमत तौलते हैं,
हम इमोजी तो भेजते हैं, पर दिल से कम बोलते हैं।

हम तरक्की की दौड़ में, खुद से बहुत दूर निकल आए,
मशीनें तो मुस्कुरा दीं, पर इंसान पीछे रह गए।

युग बदला, पर खेल वही है

कुरुक्षेत्र की उस मिट्टी में, जो लहू बहा था बरसों पहले,
वही प्यास आज भी ज़िंदा है, वही ज़हर है नस-नस में घुले।
तब रथों के पहिए थमते थे, छल और कपट की चालों से,
आज तरक्की रुक जाती है, जात-पांत के जालों से।

वो सूत-पुत्र का ताना था, जो कर्ण के दिल को चीर गया,
आज भी डिग्री, नाम और रुतबा, काबिलियत को पी गया।
एक एकलव्य ने अँगूठा दिया, बस द्रोण की मर्यादा को,
यहाँ रोज़ हज़ारों टैलेंट मरते, पालने को किसी के वादे को

पाँसा तब भी फेंका था, शकुनि की गंदी नीयत ने,
कुलवधू को नंगा देखा था, सत्ता की हैवानियत ने।
आज भी चौराहों पर, अस्मत की नीलामी होती है,
फर्क बस इतना है कि अब, वो डिजिटल बदनामी होती है।

तब धृतराष्ट्र की आँखों पर, बस एक रेशमी पट्टी थी,
आज के हाकिम की आँखों में, स्वार्थ की धूल और मिट्टी है।
तब तीरों की बौछार से, घायल होते थे तन सारे,
अब की-बोर्ड के प्रहारों से, मर जाते हैं मन सारे।

वो धर्म-युद्ध का नाम था, पर अपनों ने ही अपनों को मारा,
यहाँ 'फेक न्यूज़' की आग में, जल रहा है भाईचारा।
तब भी सत्ता अंधी थी, आज भी कुर्सी बहरी है,
इंसानियत की चोट मियाँ, कल से ज़्यादा गहरी है।

न कृष्ण वहाँ अब आते हैं, न कोई सुदर्शन चलता है,
कलयुग के इस कुरुक्षेत्र में, हर रोज़ दुशासन पलता है।
वो महाभारत बाहर था, ये युद्ध घरों के अंदर है,
हम बाहर शांत समंदर हैं, पर भीतर एक बवंडर है।

मर्यादा का नया कुरुक्षेत्र

मैं वो मौन नहीं जो सदियों तक, केवल सहती आई थी,
मैं वो आग हूँ जो चुपके से, भीतर दहकती आई थी।
तुमने रेखा खींच दी थी, मेरे पैरों के वास्ते,
पर भूल गए कि बिजली खुद, चुन लेती है रास्ते।

वो त्रेता की सीता थी जो, पावन होकर भी रोई थी,
जिसने अपनी शुद्धता की, साख अग्नि में बोई थी।
पर अब की सीता न अग्नि में, न धरती में समाएगी,
वो उठा के गांडीव हाथ में, अपना राम खुद कहलाएगी।

वो सभा मौन थी, भीष्म मौन थे, धर्म की आँखें अंधी थीं,
जहाँ एक नारी की अस्मत, पुरुषों की मुट्ठी में बंधी थी।
आज भी वो दुशासन मियाँ, हर मोड़ पर घात लगाते हैं,
और धर्मराज के वंशज बनकर, मर्यादा समझाते हैं।

मैं ही काली, मैं ही लक्ष्मी, मैं ही सृजन की आदि हूँ,
मैं ही अंत की वो ज्वाला, मैं ही स्वयं की गवाह हूँ।
न राम की प्रतीक्षा अब, न कृष्ण का इंतज़ार है,
मेरे भीतर का साहस ही, मेरा अंतिम हथियार है।

www.ingramcontent.com/pod-product-compliance
Lightning Source LLC
Chambersburg PA
CBHW070650240926
51846CB00003BA/854
9789375273561